Visionnaires du XXI ème siècle :
Les maîtres de l'entrepreneuriat

Table de matière

Préface

Bienvenue dans l'univers captivant des "Visionnaires du 21ème siècle : Les maîtres de l'entrepreneuriat". Ce livre est bien plus qu'une simple exploration des parcours exceptionnels d'individus remarquables ; il s'agit d'un guide inspirant et pratique destiné à tous ceux qui rêvent de laisser leur empreinte dans le monde de l'entrepreneuriat au 21ème siècle.

Nous sommes à une époque où les opportunités semblent infinies, où l'innovation transcende les frontières et où l'esprit visionnaire peut transformer des idées en réalités extraordinaires. Ce livre vous emmènera dans un voyage fascinant à travers les vies et les succès de visionnaires qui ont redéfini l'entrepreneuriat pour les générations à venir.

L'éveil visionnaire, l'innovation pratique, le leadership éclairé et la persévérance résiliente sont autant de thèmes que nous explorerons ensemble. À travers des récits inspirants, nous dévoilerons les stratégies qui ont propulsé des entrepreneurs vers de nouveaux sommets et les leçons apprises au fil des échecs et des succès.

Ce livre ne se contente pas d'être une source d'inspiration, mais également un manuel pratique. Vous découvrirez des conseils concrets, des stratégies éprouvées et des outils essentiels pour transformer vos idées en actions, et vos actions en réussites durables.

Que vous soyez un entrepreneur débutant ou un leader chevronné cherchant à élargir son horizon, les pages qui suivent offrent des perspectives qui stimuleront votre créativité, alimenteront votre passion et vous inciteront à repousser les limites de ce qui est possible.

Préparez-vous à être inspiré, à être guidé et à être équipé pour votre propre voyage entrepreneurial. Les maîtres de l'entrepreneuriat du 21ème siècle vous attendent. Que ce livre soit le catalyseur de votre propre aventure exceptionnelle.

À l'innovation, à la persévérance et à un avenir entrepreneurial brillant !

Ellison Preston

Auteur

1. Introduction

Nous sommes à l'aube d'une ère extraordinaire, une époque où l'entrepreneuriat transcende les frontières, où l'innovation éclaire l'horizon, et où l'esprit visionnaire forge le futur. Bienvenue dans "Visionnaires du 21ème siècle : Les maîtres de l'entrepreneuriat".

Au cœur de cet ouvrage se trouvent les récits inspirants de pionniers audacieux et de visionnaires modernes qui ont défini les contours de l'entrepreneuriat au 21ème siècle. C'est un voyage captivant à travers des vies extraordinaires, des triomphes inspirants et des échecs transformateurs.

Dans ces pages, nous explorerons les fondements de l'entrepreneuriat, du rêve initial à la réalisation concrète. Nous plongerons dans les secrets de la créativité débridée et de l'innovation pratique, découvrant comment ces maîtres ont transformé des idées en mouvements, des entreprises en empires.

Le livre se compose de chapitres éclairants, chacun centré sur un aspect clé de l'entrepreneuriat du 21ème siècle. Des stratégies pratiques aux leçons apprises dans l'adversité, des profils inspirants aux outils indispensables, chaque section vise à nourrir votre esprit, à affûter vos compétences et à vous propulser vers le succès entrepreneurial.

Que vous soyez un aspirant entrepreneur, un innovateur chevronné ou simplement un esprit curieux, ces pages offrent une immersion dans un monde où la passion, la résilience et la créativité convergent pour créer quelque chose de nouveau, de significatif, de transformationnel.

Préparez-vous à être inspiré, à défier le statu quo et à embrasser l'esprit visionnaire du 21ème siècle. Les maîtres de l'entrepreneuriat vous guideront à travers ces pages, mais la véritable aventure commence lorsque vous appliquez ces enseignements à votre propre parcours entrepreneurial.

Prêt à découvrir les clés du succès dans l'ère des possibilités infinies ? Bienvenue dans "Visionnaires du 21ème siècle : Les maîtres de l'entrepreneuriat". L'aventure commence ici.

La Renaissance Entrepreneuriale du 21ème Siècle

La "Renaissance Entrepreneuriale du 21ème siècle" évoque une ère dynamique et transformative où l'entrepreneuriat s'épanouit d'une manière sans précédent. Cette renaissance est caractérisée par un mélange unique de facteurs sociaux, technologiques et culturels qui convergent pour créer un environnement propice à l'innovation et à la création d'entreprises.

Innovation Technologique: Au cœur de cette renaissance se trouve l'explosion de l'innovation technologique. Les avancées rapides dans la technologie, telles que l'intelligence artificielle, la blockchain, et l'Internet des objets, ont ouvert de nouvelles opportunités, créant un terrain fertile pour les esprits créatifs.

Connectivité Mondiale: La connectivité mondiale, facilitée par les réseaux sociaux et les plateformes numériques, a créé un réseau mondial d'opportunités. Les entrepreneurs du 21ème siècle peuvent collaborer et interagir avec des talents du monde entier, élargissant ainsi le champ des possibles.

Esprit Visionnaire: La renaissance entrepreneuriale est alimentée par un esprit visionnaire qui transcende les frontières traditionnelles. Les entrepreneurs du 21ème siècle ne se contentent pas de suivre les tendances, mais ils anticipent et créent activement le futur.

Culture de l'Apprentissage: Dans cette ère, l'apprentissage continu est au cœur de la réussite entrepreneuriale. Les entrepreneurs sont prêts à remettre en question le statu quo, à expérimenter, à échouer et à apprendre de leurs expériences pour innover constamment.

Impact Social et Environnemental: Une caractéristique distinctive de cette renaissance est l'accent mis sur l'impact social et environnemental. Les entrepreneurs cherchent à créer des entreprises non seulement prospères sur le plan financier, mais aussi à contribuer positivement à la société et à l'environnement.

Démocratisation de l'Entrepreneuriat: L'accès facilité aux ressources et la démocratisation des outils entrepreneuriaux permettent à un plus grand nombre de personnes de participer à cette renaissance. Les barrières à l'entrée sont réduites, permettant une diversité d'idées et de perspectives.

En somme, la "Renaissance Entrepreneuriale du 21ème siècle" est une ère où l'esprit humain s'épanouit dans la création, l'innovation et l'impact. C'est un appel à l'action pour ceux qui aspirent à laisser leur empreinte dans le monde entrepreneurial, à embrasser la créativité et à façonner l'avenir avec audace et vision.

1.2 Les Fondations de l'Innovation et de la Réussite

L'innovation et la réussite entrepreneuriale reposent sur des fondations solides, combinant vision stratégique, créativité pratique et une exécution méthodique. Voici une exploration pratique de ces fondations, accompagnée d'exemples inspirants.

Développer une Vision Claire:

   - **Pratique**: Commencez par définir clairement la vision de votre entreprise. Identifiez la mission, les objectifs à long terme et l'impact que vous souhaitez avoir.

   - **Exemple**: Elon Musk a établi une vision claire pour SpaceX en cherchant à rendre l'humanité multiplanétaire. Cette vision guide toutes les décisions et actions de l'entreprise.

Écouter et Répondre aux Besoins du Marché:

- **Pratique**: Faites preuve d'empathie envers les besoins de votre marché cible. Utilisez des méthodes telles que des enquêtes, des entretiens clients et des analyses de marché.

- **Exemple**: Airbnb a commencé en répondant à la demande de logements temporaires uniques. En écoutant les besoins des voyageurs, l'entreprise a innové dans le secteur de l'hébergement.

Favoriser une Culture de l'Innovation:

- **Pratique**: Créez un environnement qui encourage la créativité. Favorisez l'échange d'idées, récompensez l'initiative et ne craignez pas l'échec.

- **Exemple**: Google est célèbre pour sa culture d'innovation. Les projets tels que Gmail et

Google Maps ont émergé de la liberté accordée aux employés pour explorer des idées novatrices.

Investir dans le Développement Personnel et Professionnel:

- **Pratique**: Encouragez la croissance continue de vos équipes. Offrez des formations, des opportunités de mentorat et des ressources pour développer les compétences.

- **Exemple**: Amazon investit massivement dans le développement de ses employés, les aidant à acquérir de nouvelles compétences et à rester à la pointe de l'innovation.

Agilité et Adaptabilité:

-**Pratique**: Soyez prêt à ajuster votre stratégie en fonction des changements du marché. Adoptez une approche agile pour rester réactif.

- **Exemple**: Netflix a évolué de la location de DVD à la diffusion en continu, démontrant une adaptation réussie aux tendances de consommation.

Utilisation Intelligente de la Technologie:
- **Pratique**: Intégrez les technologies émergentes qui peuvent améliorer votre offre. Restez à l'affût des avancées technologiques pertinentes.
- **Exemple**: Tesla a révolutionné l'industrie automobile en intégrant des technologies de pointe, comme la conduite autonome et les batteries électriques innovantes.

Établir des Partenariats Stratégiques:
- **Pratique**: Identifiez des partenaires qui complètent vos forces. Créez des alliances stratégiques pour stimuler l'innovation.

- **Exemple**: La collaboration entre Apple et Nike pour le développement de l'Apple Watch a combiné l'expertise technologique et l'influence de la marque pour créer un produit innovant.

En combinant ces pratiques fondamentales, vous établissez les bases nécessaires pour l'innovation durable et la réussite entrepreneuriale. Ces exemples illustrent comment des entreprises de renom ont appliqué ces principes pour créer des changements significatifs dans leurs industries respectives.

Chapitre 2

Éveil Visionnaire

Cultiver une Mentalité Visionnaire

Cultiver une mentalité visionnaire est essentiel pour prospérer dans l'entrepreneuriat du 21ème siècle. Cela implique une combinaison de perspective à long terme, d'ouverture d'esprit et d'une capacité à anticiper les opportunités. Voici comment vous pouvez cultiver une mentalité visionnaire de manière pratique :

Définir une Vision Claire:

  - **Pratique**: Prenez le temps de réfléchir à la vision globale de votre vie et de votre entreprise. Définissez où vous souhaitez être dans cinq, dix ou vingt ans.

  - **Action**: Rédigez votre vision de manière concrète. Quels objectifs spécifiques voulez-vous atteindre ? Comment imaginez-vous le monde autour de vous ?

Élargir vos Horizons:

- **Pratique**: Explorez des domaines en dehors de votre zone de confort. Lisez largement, participez à des événements diversifiés et engagez-vous avec des personnes ayant des perspectives différentes.

- **Action**: Créez une liste de sujets ou d'industries que vous n'avez pas explorés auparavant. Faites un effort pour en apprendre davantage sur chacun d'eux.

Encourager la Créativité

- **Pratique**: Intégrez des pratiques créatives dans votre routine quotidienne. Cela peut inclure le dessin, l'écriture libre, la résolution de problèmes créative, ou même la méditation.

- **Action**:Allouez du temps chaque jour à une activité créative. Notez les idées qui émergent pendant ces moments et explorez comment les intégrer dans votre vision.

Apprendre de l'Histoire et du Futur:

- **Pratique**: Étudiez les tendances historiques et anticipez les futures évolutions. Comprenez comment les changements passés ont influencé le présent et réfléchissez à comment anticiper les changements futurs.

- **Action:** Créez une chronologie des événements clés dans votre domaine d'activité. Identifiez les tendances émergentes et réfléchissez à la manière dont votre vision peut s'aligner sur elles.

Accepter le Risque et l'Incertitude:

- **_Pratique_:** Familiarisez-vous avec l'idée que l'innovation comporte des risques et de l'incertitude. Acceptez l'échec comme une opportunité d'apprentissage.

- **_Action_:** Identifiez une idée que vous avez hésité à explorer en raison du risque. Élaborez un plan pour tester cette idée de manière contrôlé

Établir des Objectifs Audacieux:

- **Pratique**: Définissez des objectifs qui vont au-delà de ce qui est confortable. Pensez grand et envisagez des réalisations qui pourraient sembler audacieuses.

- **Action:** Identifiez un objectif que vous pensiez initialement inatteignable. Décomposez-le en étapes réalisables et commencez à travailler vers ce but.

Favoriser la Collaboration:

- **Pratique:** Engagez-vous avec des personnes qui partagent votre vision, mais aussi avec celles qui ont des perspectives différentes. La diversité d'idées stimule l'innovation.

- **Action:** Organisez des séances de remue-méninges avec des collègues ou des amis. Encouragez chacun à apporter des idées novatrices et à construire collectivement une vision inspirante.

Cultiver une mentalité visionnaire demande de la pratique régulière et un engagement envers le développement personnel. En intégrant ces pratiques dans votre vie quotidienne, vous commencerez à voir le monde avec une perspective plus large et à créer des opportunités là où d'autres pourraient ne voir que des défis.

Trouver votre Spark : De l'idée à l'Action

Trouver votre "spark" entrepreneurial, cette étincelle créative qui évolue en une idée puissante, est une étape cruciale dans le parcours entrepreneurial. Voici un guide pratique pour transformer cette étincelle en action concrète :

Explorez vos Passions et Compétences:
   - Pratique: Faites une liste de vos passions et compétences. Identifiez les domaines où vous excellez et où vous ressentez une véritable passion.
   - Action: Cherchez des intersections entre vos compétences et vos passions. C'est souvent là que naissent les idées les plus innovantes.

Identifiez les Problèmes à Résoudre:

- *Pratique*: Observez votre environnement et identifiez les problèmes auxquels les gens font face. Cherchez des lacunes ou des domaines où l'amélioration est nécessaire.

- *Action*: Sélectionnez un problème qui vous inspire le plus et pensez à des solutions novatrices.

Écoutez les Retours d'Autrui:

- Pratique: Partagez vos idées avec des amis, des mentors ou d'autres entrepreneurs. Écoutez attentivement leurs retours et leurs suggestions.

- Action: Utilisez les retours pour affiner et améliorer votre idée. Les perspectives extérieures peuvent révéler des angles auxquels vous n'aviez pas pensé.

Étudiez le Marché:

- Pratique: Effectuez une recherche approfondie sur le marché. Comprenez la demande existante, la concurrence et les tendances émergentes.

- Action: Identifiez un créneau où votre idée pourrait apporter une valeur unique. Assurez-vous qu'il y a un marché pour votre concept.

Prototyper et Tester:
-Pratique: Créez un prototype ou une version initiale de votre idée. Testez-la auprès d'un groupe restreint pour recueillir des retours tangibles.
- Action: Utilisez les commentaires des tests pour améliorer votre concept. L'itération est essentielle pour affiner et perfectionner votre idée.

Élaborez un Plan d'Action:
- Pratique: Élaborez un plan détaillé pour mettre en œuvre votre idée. Identifiez les étapes clés, les ressources nécessaires et les partenariats potentiels.
- Action: Commencez à mettre en œuvre votre plan d'action de manière progressive. Définissez des jalons réalisables pour mesurer vos progrès.

Cultivez la Persévérance:

- Pratique:Anticipez les défis et les obstacles. Cultivez une mentalité résiliente et préparez-vous à apprendre des échecs.

- Action:Face aux revers, analysez ce qui a fonctionné et ce qui peut être amélioré. La persévérance est souvent la clé du succès entrepreneurial.

Restez Ouvert aux Opportunités:

- Pratique: Restez ouvert aux ajustements et aux opportunités imprévues. L'entrepreneuriat est souvent une exploration constante.

- Action: Soyez flexible et prêt à ajuster votre parcours en fonction des leçons apprises et des nouvelles découvertes.

Trouver votre spark et passer de l'idée à l'action nécessite un équilibre entre passion, recherche et exécution. Soyez audacieux dans votre recherche d'inspiration, mais également pragmatique dans la mise en œuvre de votre vision. C'est dans ce processus dynamique que naissent les entreprises les plus innovantes.

Chapitre 3: Stratégies de Réussite

Planifier le Succès : Stratégies Entrepreneuriales Éprouvées

Alors, on parle de planifier le succès dans le monde de l'entrepreneuriat. C'est un voyage excitant, mais avoir une carte du territoire, ça aide. Voici quelques stratégies éprouvées, un peu comme des balises sur votre route vers le succès.

Fixez des Objectifs SMART:
   Imaginez que vos objectifs soient vos compagnons de route. Ils doivent être Spécifiques, Mesurables, Atteignables, Réalistes et Temporels (SMART).
   Exemple: Plutôt que "devenir riche", dites "augmenter les ventes de 20% d'ici la fin de l'année".

Construisez un Réseau Solide:

Imaginez que votre réseau est comme un café entre amis où les idées circulent. Connectez-vous avec des mentors, des collègues et d'autres entrepreneurs.

- Exemple: Richard Branson doit une partie de son succès à son réseau solide et diversifié.

Focus sur la Valeur Client:

- Imaginez que vos clients sont les héros de votre histoire. Fournissez une valeur exceptionnelle et résolvez leurs problèmes.

- Exemple: Amazon a prospéré en mettant l'accent sur l'expérience client et la commodité.

Adoptez une Approche Agile:

Considérez votre plan comme une première ébauche. Soyez prêt à ajuster vos voiles en fonction des vents du marché.

Les start-ups comme Airbnb ont évolué grâce à une approche agile et à l'écoute du feedback.

Investissez dans le Marketing Digital:

Votre présence en ligne, c'est comme votre carte de visite moderne. Investissez dans le marketing digital pour atteindre un public plus large.

- Exemple: La stratégie digitale de Dollar Shave Club a contribué à son succès fulgurant.

Gérez vos Finances avec Sagesse:

Imaginez que vos finances sont le carburant de votre voiture. Gérez-les bien pour éviter de tomber en panne sur la route.

- Exemple: Warren Buffett, un maître dans la gestion financière, a construit son empire grâce à une stratégie financière solide.

Soignez votre Marque Personnelle:

- Imaginez que votre marque personnelle soit votre empreinte digitale. Construisez une image authentique qui résonne avec votre public.

- Exemple: Elon Musk a créé une marque personnelle forte à travers ses entreprises Tesla, SpaceX et ses projets visionnaires.

Surveillez la Concurrence, mais Restez Unique:

- Pensez à votre entreprise comme une œuvre d'art. Admirez la concurrence, mais créez quelque chose qui vous est propre.

- Exemple: Apple a su rester unique en créant des produits distinctifs malgré la concurrence féroce.

Célébrez les Petites Victoires:

Imaginez que chaque petite victoire soit une pause dans votre road trip. Célébrez-les, car elles vous rapprochent de votre destination.

- Exemple: Les start-ups célèbrent souvent des jalons comme leur premier client, même si c'est un petit client.

Restez Passionné et Flexible:

Considérez votre passion comme votre carburant. Restez passionné et flexible pour surmonter les obstacles.

- Exemple: Steve Jobs a navigué à travers les hauts et les bas grâce à sa passion et à sa flexibilité.

Alors voilà, votre plan pour le succès avec un petit exemple. Gardez ces stratégies à portée de main, et que votre aventure entrepreneuriale soit aussi passionnante qu'une conversation animée entre amis ! 🚀

L'Équilibre Entre Risque Calculé et Opportunité

Ah, l'équilibre délicat entre prendre des risques calculés et saisir les opportunités. C'est un peu comme marcher sur une corde raide tout en jonglant avec des balles en feu. Voici comment trouver cet équilibre sans brûler les ailes.

Évaluer les Risques avec Sagesse:

Imaginez que chaque risque soit une pièce d'échecs. Évaluez soigneusement chaque mouvement pour anticiper les conséquences.

- Exemple: Avant de lancer Tesla, Elon Musk a évalué les risques de l'industrie automobile et a calculé son coup avec précision.

Connaître Votre Tolérance au Risque:

Pensez à votre tolérance au risque comme à votre capacité à danser avec l'inconnu. Connaissez-vous bien pour savoir quelles pirouettes vous pouvez exécuter.

- Exemple: Certains entrepreneurs, comme Richard Branson, ont une tolérance au risque élevée, ce qui les pousse à prendre des initiatives audacieuses.

Analyser les Opportunités Sous Tous les Angles:

Considérez chaque opportunité comme une pièce d'art à examiner sous différentes perspectives. Ne vous contentez pas de la première impression.

- Exemple: Mark Zuckerberg a analysé les opportunités sur le marché des réseaux sociaux et a créé Facebook en anticipant son potentiel.

Éviter la Paralysie par l'Analyse:

Penser trop, c'est comme rester figé au milieu du pont. Ne vous paralysez pas par l'analyse, agissez avec discernement.

- Exemple: Jeff Bezos est connu pour prendre des décisions rapides et avancer rapidement chez Amazon.

Saisir les Opportunités Stratégiques:

Imaginez que chaque opportunité soit une étoile filante. Certaines passent rapidement, alors saisissez celles qui alignent avec votre vision.

- Exemple: Google a saisi l'opportunité des moteurs de recherche au bon moment, en alignant leur stratégie avec l'évolution du web.

Diversifier les Risques:

La diversification des risques, c'est un peu comme avoir des cordes de sécurité supplémentaires. Étalez vos risques pour éviter de tout mettre sur une seule carte.

- Exemple: Warren Buffett diversifie ses investissements pour minimiser les risques dans son portefeuille.

Faire Confiance à Votre Intuition:

Votre intuition, c'est comme une boussole interne. Faites confiance à votre ressenti lorsque vous êtes sur le point de faire un pas dans l'inconnu.

- Exemple: Oprah Winfrey a souvent suivi son intuition pour prendre des décisions cruciales dans sa carrière.

Apprendre des Échecs et des Victoires Passés:

Chaque échec et victoire passés, c'est comme une leçon gravée dans votre carnet de bord. Apprenez d'eux pour affiner votre équilibre.

Bill Gates a appris des échecs et des succès de Microsoft pour façonner ses futures stratégies.

En fin de compte, l'entrepreneuriat est un équilibre subtil entre la prise de risques calculés et la saisie d'opportunités. Trouver ce juste équilibre, c'est un peu comme jouer une mélodie captivante dans le monde des affaires. Alors, en avant, équilibristes du business, jonglez avec ces risques et opportunités !

4. Entreprendre pour un Monde Meilleur

L'Entrepreneuriat comme Force de Transformation

L'entrepreneuriat est une force de transformation, un peu comme un vent puissant qui change la direction des choses. C'est un catalyseur de changement, propulsant des idées audacieuses vers des réalisations tangibles. Voici comment cette force opère brièvement :

Création à partir du Néant

- L'entrepreneuriat donne vie à des idées en les tirant du néant. C'est comme créer quelque chose d'extraordinaire à partir de l'imaginaire, transformant la vision en réalité.

Innovation et Disruption

- Les entrepreneurs sont les architectes de l'innovation, introduisant des idées révolutionnaires qui perturbent les normes établies. C'est un acte de transformation qui redéfinit les industries.

Changement de Paradigme

- L'entrepreneuriat défie les vieux paradigmes et crée de nouveaux modèles. C'est une force qui remet en question le statu quo, ouvrant la voie à de nouvelles façons de penser et de faire.

Impact Social et Économique

- Les entreprises fondées sur l'entrepreneuriat ne sont pas seulement des entités économiques, mais aussi des agents de transformation sociale. Elles peuvent apporter des changements positifs dans les communautés et au-delà.

Émancipation Individuelle

- Pour les individus, l'entrepreneuriat est une voie vers l'émancipation. C'est une force qui donne aux personnes les moyens de prendre le contrôle de leur destin et de réaliser leurs aspirations.

Création d'Opportunités

- L'entrepreneuriat crée des opportunités là où il n'y en avait peut-être pas. C'est une force dynamique qui ouvre des portes pour l'emploi, l'innovation et la croissance économique.

Réponse à l'Évolution du Monde

- Face aux changements rapides du monde, l'entrepreneuriat est une réponse agile. C'est une force qui s'adapte, évolue et guide les sociétés à travers des transformations constantes.

Encouragement de la Créativité

- L'entrepreneuriat nourrit la créativité, encourageant les esprits à penser différemment, à explorer des territoires inconnus et à créer des solutions innovantes.

En somme, l'entrepreneuriat est une force dynamique qui transcende les simples activités commerciales. C'est une énergie transformatrice qui influence les individus, les communautés et les sociétés dans leur ensemble, laissant son empreinte sur le monde.

Les initiatives qui laissent un héritage

Les initiatives qui laissent un héritage sont souvent des entreprises ou des projets d'une sophistication notable, ayant un impact significatif et durable sur la société, la culture, ou l'industrie. Voici quelques exemples d'initiatives héritageuses :

La Fondation Gates pour la Santé Globale:

La Fondation Gates, créée par Bill et Melinda Gates, est une initiative sophistiquée axée sur la résolution de problèmes de santé mondiaux complexes.

- **Héritage**: Leur travail dans les domaines de la santé publique, de l'éducation et du développement a laissé un héritage durable en luttant contre des maladies telles que le VIH, la malaria et en améliorant l'accès aux soins de santé dans le monde entier.

Le Projet du Génome Humain:

Le séquençage complet du génome humain était une entreprise scientifique sophistiquée impliquant des collaborations mondiales et des avancées technologiques majeures.

- **Héritage**: Cette initiative a laissé un héritage profond en transformant notre compréhension de la génétique humaine, ouvrant la voie à des avancées médicales et à des applications innovantes dans la recherche.

L'Initiative Apollo de la NASA:

L'atterrissage sur la lune dans le cadre de l'Initiative Apollo a représenté un effort technologique sophistiqué impliquant des fusées, des ordinateurs et des systèmes complexes.

- **Héritage**: Cette initiative a laissé un héritage durable en démontrant le potentiel technologique humain, stimulant l'innovation et la recherche spatiale, tout en suscitant un sentiment d'inspiration mondiale.

La Bibliothèque Numérique Européenne:**

La création de la Bibliothèque Numérique Européenne impliquait la numérisation et la mise en ligne d'une vaste collection de ressources culturelles et historiques.

   - **Héritage:**Cette initiative sophistiquée a laissé un héritage en préservant et en rendant accessible le patrimoine culturel européen, favorisant ainsi la recherche, l'éducation et la préservation de la culture.

Le Projet Google Earth:

   -Google Earth est une initiative technologique sophistiquée qui utilise des données satellites et des technologies de cartographie avancées.

   - **Héritage**: Cette initiative a laissé un héritage en offrant une perspective unique de notre planète, favorisant la compréhension mondiale, l'éducation géographique et la sensibilisation environnementale.

Le Programme Erasmus+:

- Le Programme Erasmus+ de l'Union européenne est une initiative sophistiquée qui favorise la mobilité étudiante, la coopération académique et la compréhension interculturelle.

- **Héritage**: Ce programme a laissé un héritage en renforçant les liens entre les pays européens, en favorisant la diversité culturelle et en contribuant au développement des compétences et de l'éducation en Europe.

Ces exemples illustrent comment des initiatives sophistiquées peuvent transcender leur époque pour laisser un héritage durable, influençant positivement des domaines variés de la société.

5. L'Art de l'Innovation Pratique

Mettre en Pratique l'Innovation au Quotidien

Mettre en pratique l'innovation au quotidien demande une approche intentionnelle et une mentalité ouverte aux possibilités. Voici comment intégrer l'innovation dans votre routine quotidienne, avec des exemples concrets :

Cultiver la Curiosité
   - Pratique: Prenez l'habitude de poser des questions et de vous intéresser à des sujets variés. Explorez des domaines en dehors de votre expertise.
   - Exemple: Un professionnel de la technologie pourrait s'intéresser à la psychologie du

consommateur pour apporter des perspectives nouvelles à ses projets.

Encourager la Diversité d'idées:

- Pratique: Créez un environnement où différentes perspectives sont valorisées. Organisez des séances de remue-méninges inclusives.

- Exemple:Une équipe marketing pourrait inviter des membres d'autres départements à partager leurs idées lors d'une séance de brainstorming.

Favoriser l'Expérimentation:

- Pratique:Soyez ouvert à l'échec comme moyen d'apprentissage. Lancez des prototypes, testez des idées et ajustez en conséquence.

- Exemple:Une entreprise de design de produits pourrait tester un nouveau concept avec un groupe restreint de clients pour recueillir des retours précieux.

Allouer du Temps à la Créativité:

- Pratique: Réservez régulièrement du temps dans votre emploi du temps pour des activités créatives non structurées.

- Exemple: Un entrepreneur pourrait consacrer une heure chaque semaine à explorer de nouvelles idées sans contraintes.

Utiliser la Technologie de Façon Innovante:

- Pratique: Restez à l'affût des nouvelles technologies et explorez comment les intégrer de manière innovante dans votre quotidien.

- Exemple: Un professionnel des RH pourrait utiliser l'intelligence artificielle pour optimiser le processus de recrutement.

Encourager l'Apprentissage Continu:

- Pratique: Investissez dans votre développement personnel et professionnel. Apprenez constamment de nouvelles compétences.

- Exemple:Un gestionnaire financier pourrait suivre des cours en ligne sur les nouvelles tendances économiques pour anticiper les changements.

Créer un Environnement Collaboratif:

- Pratique: Favorisez la collaboration et l'échange d'idées au sein de votre équipe. Encouragez la communication ouverte.

- **Exemple**: Un chef de projet pourrait organiser des réunions régulières pour discuter des défis et des opportunités, favorisant ainsi un esprit collaboratif.

S'Inspirer de l'Extérieur

- **Pratique**: Cherchez l'inspiration en dehors de votre secteur d'activité. Participez à des événements, lisez des livres et suivez des leaders d'opinion.

- **Exemple**: Un designer graphique pourrait s'inspirer de l'architecture pour apporter des éléments innovants à ses créations.

En intégrant ces pratiques dans votre vie quotidienne, vous développez une culture d'innovation constante. L'innovation devient alors un processus naturel et un moteur pour résoudre des problèmes, identifier des opportunités et créer de la valeur.

Utiliser la Technologie pour Révolutionner vos Projets

Voici quelques conseils pour utiliser la technologie afin de révolutionner vos projets :

- Automatisez les tâches répétitives. L'automatisation peut vous faire gagner beaucoup de temps sur des tâches fastidieuses. Utilisez des outils comme Zapier ou IFTTT pour automatiser des workflows.

- Adoptez l'agilité. Les méthodes agiles comme Scrum ou Kanban vous permettent de livrer rapidement et de vous adapter aux changements. Organisez votre travail en sprints, priorisez les fonctionnalités, faites des rétrospectives régulières.

- Travaillez en mobilité. Avec les smartphones et les ordinateurs portables, vous pouvez travailler n'importe où. Cela permet plus de flexibilité et de productivité. Choisissez des outils collaboratifs dans le cloud.

- Améliorez la communication. Slack, Teams, Zoom sont des outils de communication et collaboration très efficaces. Ils permettent d'échanger rapidement des infos au sein d'une équipe.

- Adoptez le cloud. Le stockage et les applications dans le cloud vous donnent flexibilité et accessibilité. Fini les serveurs locaux compliqués à maintenir.

- Analysez vos données. Des outils d'analytics et de BI comme Google Analytics ou Tableau vous aident à mieux comprendre vos données et prendre de meilleures décisions.

- Optimisez vos process. Repensez vos flux de travail pour gagner en efficacité. La modélisation des processus métier peut beaucoup aider. Vous pouvez aussi tester des techniques comme le Lean Management.

L'important est de toujours garder en tête que la technologie est là pour vous faciliter la vie et booster votre productivité. Commencez petit à petit et n'hésitez pas à tester de nouveaux outils !

6. Leadership Éclairé

Les Principes du Leadership Inspirant

Voici quelques principes clés d'un leadership inspirant :

- Donner une vision et du sens. Un bon leader donne une direction claire, avec des objectifs inspirants qui donnent du sens au travail de chacun. Il aide l'équipe à voir comment elle contribue au grand projet.

- Communiquer avec transparence. Un leader inspirant communique régulièrement avec son équipe de manière transparente. Il partage les informations importantes, explique les décisions, donne du feedback constructif.

- Responsabiliser les collaborateurs. Plutôt que de micro-gérer, un leader inspirant responsabilise son équipe en déléguant, en donnant de l'autonomie et en faisant confiance. Il aide chacun à développer son leadership.

- Encourager l'innovation. Un bon leader laisse de la place à la créativité, aux idées nouvelles et à une certaine prise de risque. Il encourage l'apprentissage continu et ne sanctionne pas les erreurs.

- Être à l'écoute. Un leader inspirant est à l'écoute des membres de son équipe. Il est ouvert à leurs idées et suggestions, et prend en compte leurs besoins. Il crée un environnement psychologiquement sûr.

- Donner l'exemple. Les actes sont plus forts que les paroles. Un leader exemplaire inspire par l'action plus que par les discours. Il est cohérent entre ses valeurs et ses actes.

- Reconnaître les réussites. Un bon leader valorise les succès individuels et collectifs. Il célèbre les réalisations de chacun et remercie sincerement les contributeurs.

La clé est de donner confiance, de responsabiliser avec bienveillance et de servir son équipe plutôt que ses propres intérêts.

Construire des Équipes Visionnaires

Pour construire des équipes visionnaires et alignées autour d'un objectif commun, voici quelques conseils:

- Définir une vision claire et inspirante. La vision donne du sens au travail de chacun. Elle doit être ambitieuse mais réaliste. Partagez cette vision et assurez-vous que chacun la comprend et y adhère en recrutant des personnes motivées et complémentaires. Cherchez des profils variés avec des compétences différentes qui vont s'enrichir mutuellement.

Valorisez la motivation plus que les diplômes en responsabilisant l'équipe en déléguant. Donnez à chacun des responsabilités selon ses forces. Accordez de l'autonomie pour atteindre les objectifs fixés collectivement.

- Encourager la collaboration et l'intelligence collective. Mettez en place des rituels d'échanges d'idées. Valorisez les idées nouvelles même perturbatrices. Formez des sous-groupes complémentaires.

- Célébrer les succès collectifs. Prenez le temps de souligner les réussites d'équipe. Remerciez sincèrement les contributeurs. Cela renforce l'engagement de chacun.

- Accepter les erreurs et en tirer des leçons. Ne punissez pas les échecs mais tirez-en des enseignements. Valorisez la prise de risques et l'apprentissage continu.

- Maintenir un feedback régulier. Communiquez fréquemment sur les progrès et les difficultés. Recueillez les avis de chacun pour ajuster le tir.

- Donner l'exemple en incarnant la vision. Votre engagement et congruence inspirent l'équipe à se dépasser. Marchez le talk !

En résumé, responsabilisez, faites grandir, alignez les talents vers une vision commune ambitieuse. L'équipe vous surprendra !

7. La Puissance de la Persévérance

Surmonter les Obstacles Inévitables

Voici quelques exemples et anecdotes pour illustrer comment surmonter les obstacles inévitables:

- Thomas Edison a échoué plus de 1000 fois avant de mettre au point l'ampoule électrique. Il disait "Je n'ai pas échoué. J'ai simplement trouvé 10000 solutions qui ne fonctionnent pas". Persévérer malgré les échecs fait partie du chemin.

- Starbucks a failli faire faillite au début, n'arrivant pas à être rentable. Son fondateur Howard Schultz a alors eu l'idée d'offrir une expérience en boutique autour du café. Cette innovation a sauvé l'entreprise. Oser les idées nouvelles peut surmonter les blocages.

- Walt Disney a été renvoyé d'un journal pour "manque d'imagination". Il a ensuite fondé Disney Company et créé Mickey Mouse, devenant une légende de l'animation. Les critiques peuvent stimuler à se dépasser pour prouver sa valeur.

- Le groupe Riot Games a mis 7 ans à développer le jeu League of Legends, sombrant quasiment dans la banqueroute. Leur patience et persévérance ont fini par payer, le jeu devenant un immense succès mondial. Croire en son projet sur le long terme est essentiel.

- Steve Jobs a été éjecté de sa propre société Apple à ses débuts. 12 ans plus tard, il était rappelé pour sauver la société de la faillite et la hisser au firmament. Les retours en arrière peuvent préparer des retours en force spectaculaires.

Ces exemples montrent qu'avec de la résilience, de la flexibilité et une vision à long terme, on peut dépasser tous les obstacles sur la route du succès. Il faut persévérer malgré les difficultés passagères.

Rester Resilient dans un Monde Entrepreneurial

Voici quelques conseils pour rester résilient dans le monde entrepreneurial :

- Acceptez l'échec comme faisant partie du parcours. Ne le voyez pas comme un drame mais comme une leçon à tirer pour progresser. Thomas Edison disait "Je n'ai pas échoué, j'ai juste trouvé 10 000 solutions qui ne fonctionnent pas".

- Gardez confiance en vous et en votre projet, même quand personne n'y croit. De nombreux entrepreneurs comme Bill Gates ou Steve Jobs ont persévéré alors que personne ne croyait en eux au départ.

- Entourez-vous de personnes positives qui croient en vous et vous soutiennent, pour traverser les périodes difficiles. Le soutien d'un mentor ou d'un réseau est précieux.

- Pratiquez la pleine conscience, la méditation ou le yoga pour gérer votre stress et vos émotions, et avoir l'esprit clair pour prendre les bonnes décisions.

- Accordez-vous des pauses régulières pour vous ressourcer. Le burnout guette les entrepreneurs trop engagés. Il est vital de déconnecter et de se changer les idées.

- Gardez votre motivation en vous fixant des objectifs stimulants à court terme, en célébrant vos petites victoires. Visualisez vos réussites futures pour les concrétiser.

- Apprenez de vos erreurs, faites vos autocritiques et rebondissez plus fort. L'échec est source d'enseignements pour une prochaine réussite.

- Gardez confiance en l'avenir et espoir que vos efforts finiront par payer. Avec de la passion et de la persévérance, vous accomplirez vos rêves d'entrepreneur !

8. Impact Social et Responsabilité

Construire des Entreprises avec un Impact Positif

Voici quelques conseils pour construire une entreprise ayant un impact positif :

- Définissez votre mission et vos valeurs. Votre mission doit viser un impact sociétal ou environnemental, au-delà du profit. Les valeurs guideront vos décisions.

- Impliquez vos parties-prenantes. Consultez vos employés, clients, fournisseurs pour co-construire votre vision et initiatives d'impact positif. Leur adhésion est clé.

- Mesurez votre impact grâce à des indicateurs ESG (Environnement, Social, Gouvernance). Suivez par exemple votre empreinte carbone, taux de diversité, etc.

- Adoptez des pratiques durables et inclusives. Offrez des conditions de travail équitables, luttez contre les discriminations, réduisez vos déchets.

- Contribuez à des causes externes. Mettez en place du bénévolat d'entreprise, faites des dons à des associations, soutenez l'entrepreneuriat local.

- Devenez une entreprise à mission. Modifiez vos statuts juridiques pour y intégrer votre mission d'intérêt collectif.

- Formez vos équipes à l'éthique et au développement durable. Sensibilisez en interne sur l'impact de chaque métier.

- Soyez transparent. Communiquez publiquement sur vos bonnes et mauvaises pratiques via un rapport RSE annuel audité.

- Inspirez votre écosystème. Montrez l'exemple à vos concurrents, partagez vos best practices. Ensemble, construisons un monde meilleur !

Intégrer la Responsabilité Sociale dans vos Projets

Intégrer la responsabilité sociale dans vos projets est une démarche louable qui contribue à créer un impact positif sur la société. Voici comment vous pouvez concrètement intégrer cette responsabilité dans vos projets :

Évaluation de l'Impact Social

- **Pratique:** Avant de commencer un projet, évaluez son impact potentiel sur la société. Identifiez les aspects positifs et négatifs.
- Exemple: Une entreprise de technologie pourrait évaluer comment son produit peut contribuer à résoudre des problèmes sociaux tout en minimisant son empreinte environnementale.

Consultation des Parties Prenantes

- Pratique: Impliquez activement les parties prenantes, y compris les communautés locales et les groupes d'intérêt, dans la planification et la prise de décision.

- Exemple: Avant de lancer un nouveau projet de construction, consultez les résidents locaux pour comprendre leurs besoins et préoccupations.

Respect des Normes Éthiques

- Pratique: Veillez à respecter des normes éthiques élevées dans tous les aspects de votre projet, de la production à la commercialisation.
- Exemple: Une entreprise de fabrication pourrait s'assurer que ses fournisseurs respectent des normes de travail équitables et respectent l'environnement.

Durabilité Environnementale:

- Pratique: Intégrez des pratiques durables pour minimiser l'impact environnemental de votre projet. Adoptez des technologies respectueuses de l'environnement.

- Exemple: Un projet de construction pourrait incorporer des matériaux recyclés et des pratiques de construction écologiques.

Investissement dans la Communauté Locale:
- Pratique: Consacrez des ressources pour investir dans le bien-être de la communauté locale. Cela peut inclure des initiatives éducatives, de santé ou d'emploi.
- Exemple: Une entreprise agricole pourrait sponsoriser des programmes éducatifs locaux pour améliorer les compétences de la main-d'œuvre locale.

Transparence et Communication:
- Pratique: Soyez transparent sur les objectifs sociaux de votre projet et communiquez de manière ouverte sur vos progrès et vos défis.

- Exemple: Une entreprise de technologie pourrait publier un rapport annuel sur son impact social, détaillant ses initiatives et ses réalisations.

Promotion de la Diversité et de l'Inclusion:
- Pratique: Favorisez la diversité et l'inclusion au sein de votre équipe et assurez-vous que ces valeurs sont reflétées dans vos projets.
- Exemple: Un studio de développement de logiciels pourrait mettre en place des programmes de mentorat pour encourager la diversité dans le secteur de la technologie.

Mesure et Évaluation Continue:
- Pratique: Établissez des indicateurs clés de performance (KPI) pour mesurer l'impact social de votre projet. Évaluez régulièrement et ajustez votre approche en conséquence.

- Exemple: Une organisation caritative pourrait évaluer périodiquement l'efficacité de ses programmes et ajuster ses stratégies en fonction des besoins changeants de la communauté.

Intégrer la responsabilité sociale dans vos projets demande une approche holistique et un engagement continu envers le bien-être de la société. Cela crée non seulement une valeur durable, mais renforce également la réputation de votre entreprise en tant qu'acteur socialement responsable.

9. Technologie et Transformation

Naviguer dans le Paysage Technologique

Naviguer dans le paysage technologique exige une compréhension approfondie des tendances, des outils et des opportunités. Voici comment vous pouvez efficacement naviguer dans ce domaine en constante évolution :

Veille Technologique Régulière

- Consacrez du temps à la veille technologique régulière. Restez informé des dernières avancées, des nouvelles technologies et des tendances émergentes.

Suivez des blogs technologiques, participez à des conférences en ligne et abonnez-vous à des newsletters spécialisées.

Évaluation des Besoins et Objectifs

- Avant d'adopter une nouvelle technologie, évaluez soigneusement vos besoins et objectifs. Assurez-vous que la technologie choisie répond à des problématiques spécifiques.

Une entreprise pourrait adopter une plateforme cloud pour améliorer la flexibilité et l'évolutivité de ses opérations.

Formation Continue

Investissez dans la formation continue de votre équipe pour maintenir des compétences à jour. La technologie évolue rapidement, et une équipe bien formée est cruciale.

Organisez des sessions de formation régulières sur les nouvelles technologies émergentes dans votre secteur.

Collaboration et Partenariats

Collaborez avec d'autres acteurs du secteur et établissez des partenariats stratégiques. Cela peut faciliter l'accès à des ressources et des connaissances spécialisées.

Une start-up technologique pourrait collaborer avec une grande entreprise pour bénéficier de son expertise et de ses ressources.

Gestion Agile de Projets

Adoptez des méthodologies de gestion de projet agiles pour vous adapter rapidement aux changements. Cela vous permet d'itérer et d'ajuster vos stratégies en fonction des évolutions du paysage technologique.

- Utilisez la méthode Scrum pour gérer le développement de logiciels de manière flexible et collaborative.

Sécurité Numérique Prioritaire

Accordez une importance primordiale à la sécurité numérique. Adoptez des meilleures pratiques de cybersécurité pour protéger vos données et vos systèmes.

- Mettez en œuvre des pare-feu avancés, des logiciels antivirus et des protocoles de chiffrement pour sécuriser vos opérations en ligne.

Investissements Stratégiques

Effectuez des investissements stratégiques dans des technologies qui peuvent donner un avantage concurrentiel à long terme.

- Une entreprise de commerce électronique pourrait investir dans l'intelligence artificielle pour améliorer la personnalisation des recommandations.

Écoute Active des Clients

Soyez à l'écoute des besoins et des feedbacks de vos clients. L'innovation technologique devrait souvent être alignée sur les exigences du marché.

Une entreprise de services financiers pourrait introduire des applications mobiles basées sur les commentaires des clients pour améliorer leur expérience.

Éthique Technologique

Intégrez des considérations éthiques dans l'adoption de nouvelles technologies. Assurez-vous que vos choix technologiques respectent les normes éthiques et juridiques.

Une entreprise de développement d'intelligence artificielle pourrait établir des principes éthiques pour guider la conception de ses algorithmes.

En naviguant avec souplesse et stratégie dans le paysage technologique, vous pouvez positionner votre organisation pour prospérer dans un environnement en constante évolution. L'adaptabilité et la vision stratégique sont les clés du succès dans cet univers dynamique.

Les Visionnaires qui Ont Façonné le Futur Numérique

Parlons de ces visionnaires qui ont secoué le monde et façonné notre futur numérique comme des magiciens de la technologie !

Steve Jobs - Le Génie d'Apple

Imagine ce gars en col roulé, présentant l'iPhone comme s'il venait de dévoiler une baguette magique. Jobs a transformé Apple en un temple de design et d'innovation.

L'inventeur du "cool" technologique, le papa de l'esthétique épurée.

Elon Musk - L'Innovateur Insatiable

Elon est comme le Tony Stark de la vie réelle, sautant de Tesla à SpaceX, Neuralink et même creusant des tunnels avec The Boring Company. Il repousse toutes les limites.

Envoyer des voitures dans l'espace et rêver de colonies martiennes, tout en tweetant des blagues.

Mark Zuckerberg - Le Maître de Facebook

- Zuck, le mec qui a commencé Facebook dans son dortoir, a fait de nous tous des accros aux likes et aux statuts. Il a changé la façon dont on se connecte, partage et stalk nos amis.

- Légende: Il a mis le "social" dans médias sociaux.

Jeff Bezos - Le Roi d'Amazon

Bezos a transformé un site de vente de bouquins en un empire mondial. Commande en un clic, Prime, Alexa − c'est lui.

- De la librairie en ligne au royaume du e-commerce, il a rendu notre dépendance aux achats en ligne cool.

Sundar Pichai - Le Génie de Google

Sundar, le cerveau derrière le moteur de recherche qu'on utilise tous. De Chrome à Android, il a mis Google dans notre vie quotidienne.

L'homme qui a rendu nos recherches en ligne aussi faciles que de commander une pizza.

Jack Ma - Le Gourou d'Alibaba

Jack Ma a créé Alibaba, un géant du commerce électronique qui a révolutionné la façon dont les gens font leurs courses. De l'Asie au reste du monde.

Du prof d'anglais au magnat du commerce en ligne, il a vraiment montré que tout est possible.

Tim Berners-Lee - Le Père du WWW

Imagine Tim dans les années 90, disant "Hé, pourquoi pas un web mondial?" – et voilà, le WWW était né.

Il a donné au monde un outil qui nous permet de binge-watcher des chats sur YouTube.

Sheryl Sandberg - L'As de Facebook

Sheryl, la femme derrière la croissance fulgurante de Facebook. Elle a montré que les femmes peuvent tout aussi bien diriger la barque.

Elle nous a tous inspirés avec "En avant les femmes" (Lean In).

Ces visionnaires ont jeté des sorts technologiques qui ont changé nos vies. Ils ont pris des risques, rêvé grand et ont fait du futur numérique un endroit aussi cool et connecté.

Les parcours remarquables des leaders qui ont visionner le monde

Jack Ma : L'Odyssée d'Alibaba**

Les Débuts Modestes

L'histoire extraordinaire de Jack Ma commence dans une petite ville en Chine, où il a connu plusieurs échecs dans sa jeunesse, y compris des refus de collèges. Après avoir découvert l'internet lors d'un voyage aux États-Unis, il a fondé Alibaba en 1999 dans son appartement avec un petit groupe d'amis. À ses débuts, Alibaba n'était qu'une plateforme de commerce électronique modeste.

Vision et Innovation

La vision de Jack Ma était de connecter les petites entreprises chinoises avec le monde entier. Il a conçu Alibaba comme une plateforme facilitant le commerce international pour les petites entreprises. Son approche innovante consistait à mettre l'accent sur l'expérience utilisateur et à créer une plateforme inclusive qui éliminerait les barrières commerciales.

Leadership Charismatique

Le leadership de Jack Ma se distingue par son charisme et sa capacité à inspirer. Il a encouragé ses équipes à rêver grand et à persévérer. Sa célèbre citation "Today is hard, tomorrow will be worse, but the day after tomorrow will be sunshine" (Aujourd'hui est difficile, demain sera pire, mais le lendemain sera ensoleillé) reflète sa philosophie optimiste face aux défis.

Défis et Résilience

Alibaba a connu des défis initiaux, notamment la difficile période du boom dot-com. Une anecdote inspirante raconte comment Jack Ma a maintenu la confiance de son équipe et des investisseurs en restant résilient et en ajustant la stratégie d'Alibaba pour surmonter les obstacles.

Succès Mondial

Alibaba est devenu un géant mondial du commerce électronique sous la direction de Jack Ma. L'introduction en bourse d'Alibaba en 2014 a marqué l'une des plus grandes offres publiques initiales de l'histoire. Aujourd'hui, Alibaba opère dans divers secteurs, y compris le commerce, le cloud computing, la finance et plus encore.

Contributions au Monde de l'Entrepreneuriat

Jack Ma a laissé une empreinte significative sur le monde de l'entrepreneuriat en promouvant l'entrepreneuriat numérique en Chine et en soutenant l'éducation et l'innovation. Sa Fondation Jack Ma s'engage activement dans des projets éducatifs et philanthropiques.

À travers ces facettes fascinantes de son parcours, Jack Ma demeure une source d'inspiration pour les entrepreneurs du monde entier, illustrant comment la persévérance, la vision et l'innovation peuvent transformer une petite start-up en un acteur majeur de l'économie mondiale.

Bernard Arnault : Le Parcours d'un Visionnaire du Luxe

Débuts Modestes

Au début des années 1980, Bernard Arnault a hérité d'une entreprise immobilière familiale. Cependant, son ambition débordante l'a conduit à transformer une entreprise de construction apparemment ordinaire en un acteur clé de l'industrie du luxe. C'est dans ces modestes débuts qu'a commencé l'ascension d'Arnault vers les sommets de l'entrepreneuriat mondial.

![Débuts Modestes](insérer une image représentant les débuts modestes de Bernard Arnault dans le secteur de la construction)

Vision et Innovation

Dès le début, Arnault a embrassé une vision audacieuse : créer un empire mondial du luxe. Son coup de maître a été l'acquisition stratégique de marques prestigieuses telles que Dior, Givenchy et Moët & Chandon. Cette vision a façonné l'industrie du luxe et positionné LVMH comme le leader incontesté.

Leadership et Style de Gestion

Le leadership d'Arnault se distingue par son équilibre entre innovation et préservation des traditions artisanales. Il a su créer une culture d'entreprise où l'excellence et l'innovation coexistent harmonieusement. Les employés de LVMH décrivent un leader accessible et visionnaire.

Défis et Résilience

L'expansion mondiale de LVMH n'a pas été sans défis, mais Arnault a démontré une résilience remarquable. En naviguant avec succès à travers les fluctuations économiques, il a maintenu une croissance constante, consolidant ainsi la position de LVMH en tant qu'acteur majeur du luxe.

Engagement Culturel et Artistique

Au-delà des affaires, Arnault a montré un engagement profond envers les arts et la culture. Son rôle dans la construction de la Fondation Louis Vuitton à Paris est une illustration emblématique de sa passion pour le soutien aux projets artistiques contemporains.

Ainsi, le parcours extraordinaire de Bernard Arnault, des débuts modestes à la tête d'un empire mondial du luxe, est un témoignage de vision, d'innovation, de leadership résilient et d'un engagement profond envers l'excellence et la culture. Son héritage dans le monde de l'entrepreneuriat restera un modèle inspirant pour les générations futures.

Pony Ma

Voici un résumé du chapitre sur Pony Ma, fondateur de Tencent

Pony Ma, l'homme qui a connecté la Chine

Section 1 : Le parcours de Pony Ma

- Diplômé en informatique, il fonde Tencent en 1998 avec 4 amis

- Le succès de messagerie QQ le rend célèbre en Chine dans les années 2000 (vidéo pub QQ)
- Introduction en bourse réussie en 2004, ascension vers la tête des géants du numérique (graphique croissance)

Section 2 : Sa vision

- Rendre les nouvelles technologies accessibles au plus grand nombre (citation de Ma)
- Être à la pointe de l'innovation dans les services numériques (timeline innovations Tencent)
- Connecter les Chinois entre eux via le digital (chiffres utilisateurs WeChat)

Section 3 : Son leadership

- Management basé sur une culture d'entreprise collectiviste (témoignage employé)

- Valorisation des initiatives au sein de l'entreprise (photo du campus Tencent)
- Sens du consensus et de l'écoute des salariés (verbatim de Ma)

Section 4 : Les défis

- Concurrence des géants américains comme Facebook
- Censure et contrôle du gouvernement chinois -
Défis éthiques liés à la technologie et aux données personnelles

Air Bnb

Lancé en 2008 à San Francisco par Brian Chesky et Joe Gebbia, Airbnb est rapidement devenu un acteur incontournable de l'économie du partage et de l'hospitalité. Le concept est simple mais révolutionnaire : une plateforme communautaire permettant à des particuliers de louer leur logement ou une partie de leur logement à des voyageurs du monde entier.

La croissance d'Airbnb est fulgurante grâce au bouche-à-oreille et à l'engouement sur les réseaux sociaux. En 2011, Airbnb dépasse déjà le million de nuitées réservées. La startup lève des fonds importants pour se développer internationalement. Sa valorisation atteint 31 milliards de dollars en 2017.

Airbnb se différencie des acteurs traditionnels de l'hôtellerie par l'expérience authentique qu'elle propose aux voyageurs. L'interaction directe avec les habitants permet une immersion dans la culture locale. La plateforme met en avant cette dimension humaine et communautaire.

Plusieurs facteurs clés expliquent le succès planétaire d'Airbnb :
- Une interface simple et intuitive pour les utilisateurs
- Un système de paiement sécurisé intégré
- Un service client réactif disponible 24h/24
- Un système de notation mutuelle entre hôtes et voyageurs qui génère la confiance

En 2021, Airbnb est présent dans 191 pays avec plus de 4 millions d'annonces actives. La startup a généré plus de 500 millions d'arrivées de voyageurs dans le monde depuis ses débuts. Avec les séjours Airbnb, ce ne sont plus seulement des lieux que l'on visite mais aussi des expériences de vie que l'on partage. Cette promesse a fait d'Airbnb l'une des marques les plus emblématiques du tourisme mondial du 21ème siècle.

Blake Mycoskie et les débuts de Toms Shoes

Section 1 : Le parcours de Mycoskie

- Jeune entrepreneur américain, voyage en Argentine en 2006
- Découvre des enfants pieds nus et décide de créer Toms
- Lancement de Toms en 2006 avec modèle One for One

Section 2 : Sa vision

- Entrepreneuriat social et modèle éthique des entreprises (citation de Mycoskie)
- Changer le monde via le business (infographie modèle One for One)
- Inspirer une nouvelle génération d'entrepreneurs sociaux (article de presse)

Section 3 : Son leadership

- Management basé sur les valeurs d'altruisme et de générosité (témoignage d'employé)
- Culture d'entreprise solidaire et socialement engagée
- Inspire ses équipes par son charisme et sa vision

Section 4 : Les défis

- Faire passer le message et les valeurs de Toms -
Garder l'ADN solidaire de Toms en grandissant -
Rester pionnier de l'entrepreneuriat social

10. Outils Pratiques pour l'Entrepreneur Moderne

Ressources Essentielles

Voici les ressources essentielles s'appuyant sur des outils pratiques pour l'entrepreneur moderne :

- Réseau de contacts : Participer à des événements, assister à des meetups pour rencontrer des partenaires, clients, investisseurs potentiels. Utiliser LinkedIn pour étoffer son réseau.

- Veille stratégique : S'informer régulièrement sur son secteur d'activité, les tendances, la concurrence. Outils comme Feedly ou Google Alerts pour automatiser la veille.

- Gestion de projet : Maîtriser des méthodes agiles (Scrum, Kanban), utiliser un outil comme Trello ou Asana pour piloter ses projets. Fixer des objectifs clairs (SMART).

- Productivité personnelle : Mettre en place sa to-do list, bien définir ses priorités, pratiquer la méthode GTD pour rester organisé. Applications comme Todoist ou Notion.

- Marketing digital : Créer un site vitrine pro, animer des réseaux sociaux, faire du content marketing pertinent. Outils comme Buffer ou Hootsuite pour planifier ses publications.

- Finances : Établir un business plan viable, gérer sa trésorerie, analyser ses dépenses/ventes. Logiciels comme QuickBooks ou Xero pour la comptabilité.

- Levée de fonds : Bâtir un pitch percutant, identifier les bons investisseurs, négocier les termes d'un financement. Plateformes de crowdfunding.

- Développement personnel : Lire sur le leadership, la gestion d'équipe, la prise de parole en public, pour progresser en continu.

En combinant ces ressources clés et des outils adaptés, l'entrepreneur gagne en efficacité, crédibilité et pérennité.

Les Outils Technologiques Indispensables

Voici un développement sur les outils technologiques indispensables pour un entrepreneur ou une startup :

- Le site internet : Vitrine en ligne incontournable pour présenter son activité, ses produits/services, capter des prospects. Un site pro, ergonomique et responsive . Outils comme WordPress ou Wix pour le créer facilement.

- Les réseaux sociaux : Plateformes gratuites et puissantes pour développer sa communauté, interagir avec ses clients, générer du trafic. Indispensable d'avoir une page professionnelle sur LinkedIn, Twitter, Facebook au minimum.

- L'emailing : La newsletter permet de fidéliser ses abonnés, les convertir via des séquences d'emails (automation). Outils comme MailChimp ou SendinBlue pour créer et gérer ses campagnes.

- La visioconférence : Pour réunions à distance, formations en ligne, webinaires, etc. Applications comme Zoom, Skype, Google Meet. Réduit les coûts de déplacement.

- Le stockage cloud : Hébergement externe flexible et sécurisé pour ses données, documents partagés. Solutions comme Dropbox, Google Drive, Microsoft OneDrive. Accessible partout.

- La suite bureautique : Pour créer tous types de documents professionnels. Microsoft 365 combine Word, Excel, PowerPoint, Outlook. Google Workspace (ex-GSuite) est une alternative cloud.

- La gestion de projets : Outils collaboratifs pour piloter ses projets, partager des tâches, des plannings. Notion, Trello, Asana sont très populaires.

- L'analytics : Mesurer la performance de son site, de ses campagnes : taux de conversion, ROI... Google Analytics est la référence du marché.

Maîtriser ces outils digitaux est incontournable pour gagner en productivité, visibilité et crédibilité.

11. Clés du succès

Synthèse des Clés du Succès

Voici une synthèse générale des clés du succès pour un entrepreneur ou une startup :

- Avoir une vision claire et un objectif précis. Savoir où l'on va et pourquoi est essentiel.

- Proposer une solution unique et innovante qui résout un vrai problème ou besoin. L'innovation et la valeur ajoutée sont fondamentales.

- Bien connaître ses clients, leurs attentes et leurs douleurs. Concevoir pour eux une expérience client optimale.

- S'entourer d'une équipe complémentaire, motivée et alignée sur la vision. Le succès est collectif.

- Adopter une mentalité flexible, tester rapidement, oser pivoter. L'adaptabilité est la clé dans un environnement incertain.

- Rester toujours à l'écoute du client final et s'ajuster continuellement. Le client doit guider les choix.

- Savoir lever des fonds et bien les utiliser pour accélérer sa croissance. Les investissements doivent être rentables.

- Maîtriser sa communication, ses réseaux sociaux et construire sa communauté. Le storytelling et l'audience sont cruciaux.

- Travailler avec acharnement et persévérer malgré les obstacles. La réussite demande efforts et résilience.

- Rester humble et intègre. Le succès durable se construit avec éthique.

En bref, allier vision, innovation, agilité, écoute client et excellence opérationnelle sont les ingrédients d'une recette gagnante.

Prochaines Étapes pour Votre Voyage Entrepreneurial

Voici quelques prochaines étapes possibles pour votre voyage entrepreneurial:

- Valider votre idée sur le marché via une étude, un questionnaire ou un pré-lancement. Obtenir du feedback réel de prospects est essentiel avant de se lancer.

- Constituer une équipe complémentaire avec des profils tech, marketing, commercial, etc. Entourez-vous de talents qui vous font grandir.

- Préparer votre business plan pour challenger la viabilité de votre projet. Chiffrer précisément vos hypothèses et anticiper les risques.

- Lever des fonds via du love money, des prêts bancaires ou du capital risque pour financer votre démarrage et accélérer votre croissance.

- Lancer une version beta de votre produit/service et la tester avec des early adopters. Récolter leurs retours pour améliorer votre offre.

- Nouer des partenariats stratégiques avec des fournisseurs, distributeurs, prescribteurs clés qui vont amplifier votre visibilité.

- Recruter vos premiers employés et les former à votre culture d'entreprise. Entourez-vous de personnes qui vous complètent.

- Optimiser vos opérations pour offrir le meilleur service possible à vos clients, fidéliser votre audience.

- Analyser méthodiquement vos résultats pour prendre des décisions data-driven et maximiser vos chances de réussite.

Quelles que soient les prochaines étapes, avancez avec passion et persévérance. Le parcours sera riche d'enseignements !

12-L'Héritage des Maîtres de l'Entrepreneuriat

L'Appel à l'Action pour les Visionnaires à Venir

Chers entrepreneurs et visionnaires de demain,

Le moment est venu de passer à l'action et de concrétiser vos rêves les plus fous.

Osez croire en vos idées et en votre potentiel pour changer le monde. Ayez confiance en vous, entourez-vous de personnes qui challengent votre pensée. Votre vision unique apportera de la valeur à vos futurs clients.

Préparez minutieusement votre projet, analysez vos hypothèses, soyez prêts à tester et intégrer rapidement. Restez flexibles, à l'écoute des besoins du terrain. Votre détermination et votre résilience seront mises à l'épreuve.

Travaillez avec passion et intégrité. Gardez votre cap sur votre mission profonde, ce qui vous anime chaque matin. Votre enthousiasme inspirera vos équipes et attirera les meilleurs talents.

Soyez audacieux dans vos rêves et visionnaires dans vos actions. Osez croire que vous pouvez changer le monde, puis mettez tout en œuvre pour y arriver. L'avenir appartient à ceux qui se lèvent tôt et travaillent dur.

Alors, qu'attendez-vous ? Lancez-vous ! Prenez des risques calculés. Apprenez de vos échecs, réajustez votre trajectoire. Votre détermination sera récompensée.

L'heure des visionnaires est venue. À vous de jouer now !

Remerciement

Chère lectrice, cher lecteur,

C'est avec une profonde gratitude que je reçois votre message à propos de mon livre. Savoir qu'il a su vous inspirer et vous donner les clés pour concrétiser votre projet entrepreneurial est ma plus belle des récompenses.

Je me suis efforcé de distiller dans cet ouvrage les enseignements clés de mon parcours, avec l'espoir d'éclairer celui des créateurs de demain. Vous donner envie d'entreprendre et les moyens d'y arriver était mon ambition première.

Aujourd'hui, vos mots me confirment que j'ai atteint mon but. Je ne pouvais rêver de plus beau compliment que d'avoir stimulé votre réflexion, et renforcé votre détermination à changer le monde à votre échelle.

Sachez que je serai à vos côtés en pensée dans les moments exaltants mais aussi difficiles que vous rencontrerez. Gardez votre cap, faites-vous confiance et ayez foi en votre vision : votre succès peut changer beaucoup de choses.

Je vous remercie infiniment pour ce témoignage si touchant. Vous me donnez à mon tour l'énergie d'aller encore plus loin dans mon writing et mon accompaniment des entrepreneurs.
Je vous souhaite le meilleur des succès dans cette aventure unique qu'est la création d'entreprise. Elle vous apprendra beaucoup sur vous-même.

Bien cordialement,
Ellison Preston